W0469922

Richard Scarry

Mein allerschönstes Lexikon

Deutsch von Gabriele Zentner

Aa

Abfall Alte, nutzlose, kaputte Sachen, leere Büchsen und Verpackungen sind *Abfall.* Wirf sie in die Mülltonne, dann werden sie weggeschafft.

Akkordeon Ein *Akkordeon* ist ein Musikinstrument mit Tasten und einem gefalteten Blasebalg. Man kann fröhliche Tanzmusik darauf spielen.

acht *Acht* kommt nach sieben. Hier siehst du Papa und Mama Stichel – macht zwei – und sechs kleine Stichels. Auf dem Bild sind also insgesamt 8.

Alter Wie alt ist Ruth? Zähle die Kerzen auf ihrem Geburtstagskuchen und du weißt ihr *Alter.*

ausgeben Mutter Pinsel hat ein Riesennetz voller Lebensmittel eingekauft. Ich frage mich, wieviel Geld sie dafür *ausgeben* wird. Was muß sie bezahlen?

ausziehen Ulrich und Egon haben ihre Kleider *ausgezogen,* bevor sie in die Wanne gestiegen sind.

ausrutschen Bist du auf der glitschigen Seife *ausgerutscht,* Vater Knolle? Sind deine Füße unter dir weggeglitten? Ulrich und Egon waren ziemlich überrascht, als du plötzlich auch in der Wanne angekommen warst.

außen Die Wände werden innen blau und *außen* weiß gestrichen.

Auto Papa Stichel hat ein blaues *Auto.* Wie alle Autos hat es Räder und befördert ihn von einem Ort zum andern. Manchmal fährt auch Egon mit.

Bb

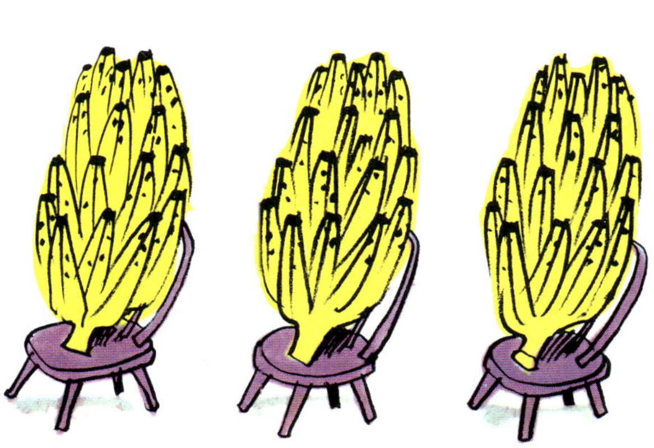

Baby Mama Stichel hat viele Kinder. Hier ist ihr jüngstes, ein süßes Hasen*baby*.

bald »Land in Sicht!« ruft der Matrose im Auslug. *Bald* wird das Schiff die Küste erreicht haben. Es kann nicht mehr lange dauern.

Banane Sie ist lang und gelb und hat eine dicke Schale, die sich leicht abmachen läßt. Magst du *Bananen?*

bauen Robert will mit seinen Bauklötzchen gern hohe Türme *bauen*. Dieser hier sieht aber nicht sehr stabil aus, Robert. Richtige Baumeister bauen Türme, Häuser und Brücken, die nicht einstürzen.

Befehl »Schnellfahren verboten«, sagt der Polizist. Das ist ein *Befehl*. Es darf nicht gerast werden.

beide Du trägst an *beiden* Füßen Socken, stimmt's? Sie halten deine zwei Füße warm.

Bein *Beine* sind zum Stehen, Gehen, Laufen und Springen da.

Belohnung Wenn Kinder besonders brav oder besonders fleißig sind, bekommen sie manchmal etwas Hübsches als *Belohnung*.

Bumerang Der *Bumerang,* ein gekrümmtes Wurfholz, kommt aus Australien. Ulrich wirft seinen Bumerang weg und staunt nicht schlecht, als er zu ihm zurückfliegt.

Bums Seifi Waschbär hat Mama Stichel völlig übersehen. Er rempelt sie an und stößt sie mit einem *Bums* um.

Büro In einem *Büro* wird gearbeitet. Die Büroangestellten sitzen am Schreibtisch. Schreibmaschine und Telefon erleichtern ihnen die Arbeit.

Bürste Ulrich putzt seine Zähne mit einer *Bürste,* seiner Zahnbürste. Für die Haare benützt er eine Haarbürste, zum Schuhputzen eine Schuhbürste. Kennst du noch andere Bürsten?

Bus Ein *Bus* ist ein großes Auto mit vielen Sitzen. Ulrich und seine Freunde fahren jeden Tag mit dem Schulbus.

Busch Ein *Busch* ist wie ein kleiner Baum, doch wird er nie so hoch wie ein Baum. Seine Äste wachsen nahe am Boden und sind alle etwa gleich dick.

Cc

Campingplatz Familie Fuchs fährt jedes Jahr auf einen *Campingplatz* am Meer. Dort wohnen alle zusammen in einem großen Zelt und Mutter Fuchs könnte sich den ganzen Tag am Strand sonnen, wenn ihre Kinder sie nicht dauernd zum Sandspielen brauchen würden!

Chauffeur In diesem Auto ist Mutter Knolle der *Chauffeur.* Ulrich, Ursula und Egon dürfen sie nicht stören, denn der Fahrer muß auf die Straße achten.

Chor Wenn einer so traurig ist, dann kann auch der andere nicht fröhlich lachen. Jetzt weinen die beiden da oben zusammen. Sie schluchzen im *Chor.*

Christbaum Sicher freust du dich schon auf Weihnachten, auf die Geschenke und den *Christbaum* mit seinem glitzernden Schmuck und den brennenden Kerzen.

Clown Zu jedem Zirkus gehört auch ein *Clown.* Oft übersieht man, daß der Spaßmacher mit den weiten Kleidern und der roten Knollennase auch ein guter Musiker und Akrobat ist.

Cowboy Einen *Cowboy* erkennt man am Cowboyhut und den Cowboystiefeln. Zu Pferd bewacht er große Viehherden. Wenn er ein Tier fangen muß, benützt er sein Lasso, ein Seil mit einer Schlinge.

Dd

Dach Hein, der Zimmermann aus Hamburg baut gerade das *Dach* auf ein neues Häuschen. Es muß dicht werden, damit es nicht durchregnen kann.

Dampf Daß das Wasser in diesem Kessel kocht, sieht man an dem *Dampf,* der aus dem Schnabel aufsteigt.

Daumen An jeder Hand hast du einen *Daumen.* Er ist der dickste Finger. Dieser kleine Handwerker hat anstatt des Nagels den Daumen getroffen.

Decke Die Schwester hat das Katzenbaby mit einer warmen *Decke* zugedeckt, damit es nicht friert. Auf den Tisch legt man eine Tischdecke.

denken Ulrich *denkt:* »Wenn ich nur schon groß wäre!« Seine Mutter dagegen denkt manchmal insgeheim: »Wie gern wäre ich noch ein Kind!«

Dezember Der *Dezember* ist der zwölfte Monat des Jahres. Er hat einunddreißig Tage. Weihnachten ist im Dezember, und in vielen Ländern liegt im Dezember Schnee.

dick Oh, Papa Pinsel, du hast zuviel gegessen. Wie *dick* du bist! Du bist so schwer, daß die Waage zersprungen ist.

Dieb Hier ist ein stadtbekannter *Dieb* mit seiner Beute, den gestohlenen Bananen. Und jetzt will er auch noch das Motorrad von Polizist Eilig stehlen.

Doktor »Guten Morgen«, sagt der Arzt, *Doktor* Löwitsch. »Ich höre, du bist krank. Ich will dir helfen, wieder gesund zu werden.«

drücken Hilda ist sehr schwer. Ihr Gewicht hat das Flugzeug ganz schön flach*gedrückt.*

durch Ein Polizeiauto, das es eilig hat, ist *durch* das Salatfeld von Bauer Fuchs gefahren. Es ist von einem Ende bis zum anderen gefahren. Hast du dieses Buch schon *durch*gelesen? Hast du es schon ganz gelesen?

durstig Die kleine Nina Eilig war *durstig.* Da hat ihr der Papa ein Fläschchen gebracht. Das hat sie getrunken und getrunken, bis sie nicht mehr durstig war.

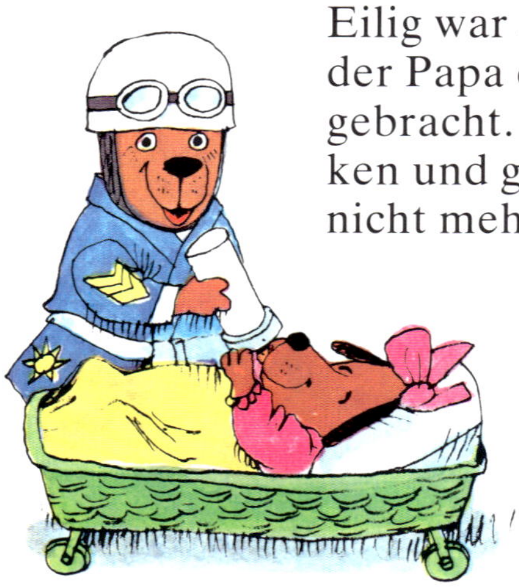

Dusche Ein kleiner Hase steht unter der heißen *Dusche.*

Ee

Ehemann Kaufmann Knolle ist der *Ehemann* von Frau Knolle. Eines schönen Tages hat er sie geheiratet und sie ist seine Frau geworden.

eilig Hier ist ein aufgeregtes Huhn auf dem Weg wer-weiß-wohin. Warum so *eilig,* Henne?

Ei Vögel legen *Eier.* Aus den Eiern schlüpfen kleine Vögel aus.

Eimer Wasser wird in einem *Eimer* getragen. Wenn du Sand in einen Eimer füllst und den Eimer dann umstürzt, hast du einen hübschen Sandkuchen.

Eichhörnchen Ein kleines *Eichhörnchen* mit einem buschigen Schwanz spielt Ringwerfen.

einkaufen In welchem Geschäft wird Frau Stichel heute *einkaufen?* Wird sie beim Bäcker Brot oder beim Metzger Fleisch kaufen?

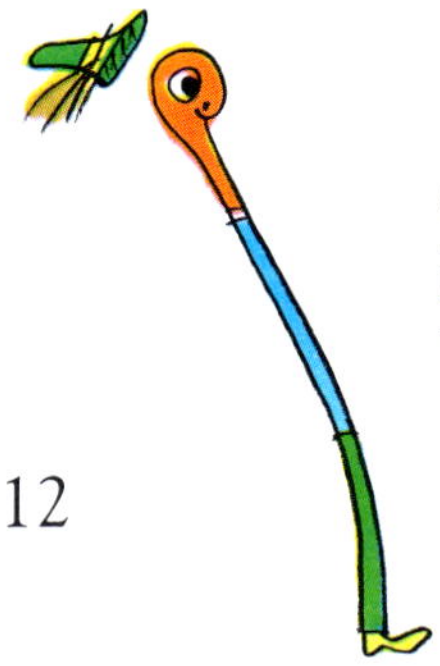

eigen Egon hat einen Hut. Es ist sein *eigener.* Er gehört ihm. Verlier ihn nicht, Egon!

einladen Fräulein Zuckertortel hat heute einen Gast. Sie hat ihren Freund, Herrn Brumm, zum Abendessen *eingeladen.*

Eis *Eis* ist gefrorenes Wasser. Und glatt ist es auch. Hoppla! Versuch's noch einmal, kleiner Schlittschuhläufer, bevor die Sonne das Eis schmilzt. Im Sommer gibt es *Eis* zu kaufen: »Für 50 Pfennig Vanilleeis bitte!« Oder magst du lieber Schokoladeneis?

Elefant Der *Elefant* ist das größte zu Lande lebende Tier. Er hat große Hängeohren und eine lange Nase, die man Rüssel nennt. Dieser kluge Elefant hier kann auf seiner Rüsselspitze eine Erdnuß balancieren.

Eltern Deine *Eltern* sind dein Vater und deine Mutter.

Ende Wenn du dieses Buch durchliest bis zum Buchstaben Z, so bist du am *Ende* angelangt.

Entfernung Ist es weit von deiner Wohnung bis zur Schule? Wie groß ist die *Entfernung?*

entschuldigen Du meine Güte! Jemand hat die Verkehrsampel umgestoßen. Ich hoffe, er wird sich dafür *entschuldigen.* Ich hoffe, er wird sagen, daß es ihm leid tut.

Erde Pflanzen wachsen in der *Erde*. Bagger graben die Erde aus. Kipp-Lastwagen fahren die Erde weg – und haben dabei manchmal einen kleinen Unfall.
Die ganze Welt ist die *Erde*, auf der wir alle leben.

erklären Kannst du deinen Freunden *erklären*, warum dieser Brotlaib einen Fuß hat? Nun, ich werde euch sagen, warum. Die Erklärung lautet: Fast der ganze Egon steckt darin.

erlauben Wenn es schneit, *erlaubt* Fräulein Zuckertortel ihrer Klasse, im Freien zu spielen. Sie läßt die Kinder Schlitten fahren und einen großen Schneemann bauen.

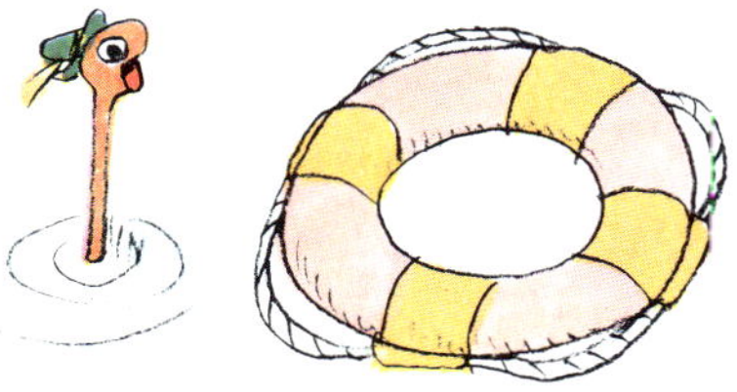

ertrinken Halt durch, Egon. Du wirst nicht *ertrinken*, wenn du dich um den Rettungsring windest. Du wirst nicht untergehen.

erwachsen Deine Eltern und Lehrer sind *erwachsen*. Sie sind keine Kinder mehr.

erzählen Egon redet mit Ulrich. Er will ihm etwas *erzählen*. Ich wüßte zu gern, was es ist.

essen Hier ist wieder Bananen-Bobby beim *Essen* – Bananen natürlich. Wie viele er wohl an einem Tag schafft?

Ff

fähig *Fähig* sein, etwas zu tun, heißt, daß man etwas tun kann. Bist du fähig, dieses Buch zu lesen? Natürlich kannst du es lesen.

Fahrrad Ein *Fahrrad* hat zwei Räder. Es wird fortbewegt durch das Treten der Pedale. Außerdem hat es einen Sattel zum Sitzen und einen Lenker zum Lenken. Fahrradfahren macht Spaß.

Fallschirm Wer schwebt hier mit dem *Fallschirm* zur Erde? Es ist Rudolf, der berühmte Flieger. Ich möchte wissen, warum er aus seinem Flugzeug abgesprungen ist!

fallen Ach je! Frau Eule ist ein Ei heruntergefallen. Es ist ihr aus der Hand geglitten. Es scheint auf die Maus zu *fallen*. Arme bekleckerte Maus!

Familie Papa Pinsel, Mama Pinsel, Pim und Pum – alle vier zusammen bilden eine glückliche *Familie*.

fangen Vater Knolle, da hast du beim Fischen aber etwas Seltsames *gefangen!* Kannst du einen Ball *fangen* – ihn fassen, festhalten und nicht aus den Händen rutschen lassen?

Farbe Welche ist deine liebste *Farbe,* Ulrich: Rot, Gelb, Grün oder Blau? Wir können sehen, daß du heute mit all diesen Farben gemalt hast.

faul Es ist neun Uhr, Egon. Sei nicht so *faul!* Steh auf, du hast lange genug geschlafen. Ulrich ist schon vor einer Stunde aus dem Bett gekrochen!

Februar Der *Februar* ist der zweite Monat des Jahres. Er hat achtundzwanzig Tage und alle vier Jahre hat er neunundzwanzig.

Feind Ein *Feind* ist kein Freund. Ein Feind ist jemand, der gegen dich ist. Er ist nicht auf der gleichen Seite wie du.

Fell Das *Fell* einer Katze ist ihr weiches, dichtes, seidiges Haar. Es bedeckt ihren ganzen Körper.

Ferien Endlich *Ferien!* Die Koffer sind gepackt und schon fährt Familie Pinsel los. In den Ferien gibt es weder Arbeit noch Schule, nur Spaß.

Fernsehapparat Ein *Fernsehapparat* zeigt auf seinem Bildschirm Bilder, die sich bewegen. Es ist, als hätte man ein kleines Kino in der eigenen Wohnung. Ulrich und Egon sehen sich gerade einen furchterregenden Film an.

fest Heda, Herr Keiler, sachte! Schlagen Sie doch nicht so *fest* zu. Sie haben den armen Kerl ja schon umgestoßen.

Feuer Ein *Feuer* ist ausgebrochen. Die Leiter brennt und die Flammen breiten sich aus. Gut, daß die Feuerwehr schon da ist!

Flasche Getränke werden in *Flaschen* abgefüllt. Alles, was man schütten kann, wie zum Beispiel Tomatenketchup, kommt in Flaschen. Hier ist ein ganzer Träger voller Flaschen.

Fleck Oh weh, ein *Fleck* auf dem neuen Kleid! Wird die Mutter schimpfen? Ein Leopard ist übersät mit Flecken. Die kann man aber nicht auswaschen.

Floß Ahoi! Eine Piratenratte kommt auf einem *Floß* angesegelt. Es besteht aus vielen Baumstämmen, die miteinander verbunden sind.

Flöte Die Maus spielt *Flöte*. Sie bläst leicht hinein, und heraus kommt ein lieblicher Pfeifton.

Flugzeug Es gibt viele verschiedene Arten von *Flugzeugen.* Dieses hier ist das Düsenflugzeug von Flugkapitän Flux.

folgen »*Folgt* mir, Kameraden«, ruft Egon. So folgt der Ulrich dem Egon und der Polizist Eilig folgt dem Ulrich. So marschieren sie einer hinter dem anderen in ein neues Abenteuer.

fragen Wenn du *fragst,* willst du etwas wissen. Du stellst eine Frage.

Friede *Friede* herrscht, wenn alles und jeder ruhig und zufrieden ist. Friede herrscht, wenn nicht gestritten und nicht gekämpft wird. Friede ist das Gegenteil von Krieg. Dieses Baby trinkt friedlich seine Milch.

früh Schon *früh* am Morgen arbeitet Bauer Beatus Bock auf seinem Hof. Fräulein Zuckertortel ist immer früher in der Klasse als ihre Schüler. Sie ist schon vor ihnen da.

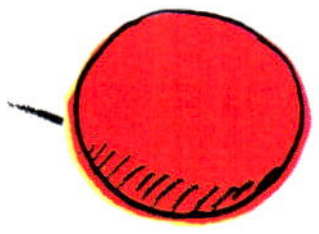

fünf *Fünf* rosa Schweinchen spielen miteinander. Zwei Buben und drei Mädchen, macht insgesamt fünf Schweinchen. Das Zeichen für fünf ist 5.

Gg

gähnen Gleich nach dem Aufstehen reibt Ulrich sich verschlafen die Augen und reißt seinen Mund weit auf. Er muß erst einmal *gähnen*.

Gans Eine *Gans* ist ein Vogel, der schwimmen und fliegen kann. Eine Gans ist größer als eine Ente und kleiner als ein Schwan. Manche Leute finden Gänse dumm. Ich bin da nicht so sicher.

ganz Ein *ganzer* Kuchen ist nicht nur ein Teil von einem Kuchen. Er ist noch nicht angeschnitten, kein einziges Stück fehlt.

Garten Bauer Beatus Bock baut in seinem Gemüse*garten* Mais, Kohl, Kürbis und Rüben an. Ein Blumen*garten* ist wunderschön, wenn alle Blumen blühen.

Geburtstag Dein *Geburtstag* ist der Tag, an dem du geboren bist, also dein erster Tag auf der Welt. Jedes Jahr wird dieser Tag wieder gefeiert und dann bist du ein Jahr älter.

Geburtstagstorte Hier ist eine besonders schöne *Geburtstagstorte* mit rosa Zuckerguß. Schade, daß ein Schweinchen darauf gelandet ist!

Gefahr *»Gefahr«* steht auf dem Schild. Männer sind dabei, einen tiefen Graben auszuheben. Komm nicht zu nahe! Du könntest hineinfallen und dich verletzen.

Gefängnis Polizist Eilig hat Bananen-Bobby wegen Bananendiebstahls festgenommen, abgeführt und im *Gefängnis* eingesperrt.

Geld Bauer Beatus Bock kauft sich einen neuen Anzug. Er fragt nach dem Preis und bezahlt mit *Geld.*

gelingen Polizist Eilig ist es *gelungen,* Bananen-Bobby festzunehmen. Endlich hat er es geschafft!

Gemüse Bauer Beatus Bock verkauft das *Gemüse,* das er in seinem Garten gezogen hat, auf dem Markt.

gemütlich Wie *gemütlich* sie in ihrem warmen, weichen Bett liegen. Ist Ulrichs Bett gemütlicher als deines, Egon?

genug Nicht zuviel und nicht zuwenig, sondern *genug,* gerade richtig. Ulrich schläft um neun Uhr rasch ein. Er war lange genug wach.

Gepäck Diese Koffer und Reisetaschen sind auf dem Weg ins Flugzeug. Du nicht, kleiner Kater, du bist doch kein *Gepäck!*

Geruch »Was für ein guter *Geruch*«, denkt der Fuchs und zieht den Blumenduft durch seine Nase ein. Nicht alle Gerüche sind angenehm. Faule Eier, zum Beispiel, oder angebrannte Pfannkuchen, riechen schlecht.

Geschenk Der Pinguin ist heute sehr feierlich angezogen. Unter seinem Arm trägt er ein *Geschenk.* Wohin der Pinguin wohl geht?

Geschichte Ulrich und seine Freunde lieben es, wenn ihnen aus dem Märchenbuch vorgelesen wird. Kennst du die *Geschichte* vom Wolf und den sieben Geißlein?

Geschirr Töpfe, Teller, Tassen und Kannen sind *Geschirr.* Man braucht es zum Kochen und Essen.

Gesetz Ein *Gesetz* ist eine Vorschrift, die man befolgen muß. Polizist Eilig ist einer der Polizisten in der Stadt, die dafür sorgen, daß die Gesetze befolgt werden. Hast du gehört, Bananen-Bobby?

Gesicht Ein *Gesicht* besteht aus Augen, Ohren, Nase, Stirn, Backen, Mund und Kinn.

gestern *Gestern* ist schon vorbei. Es war der Tag vor dem heutigen. Wenn heute Dienstag ist, war gestern Montag.

gierig Wie *gierig* du bist, Eberhard Keiler! Du schlingst die Spaghetti in dich hinein und der kleine Waschbär bekommt nichts.

gleich Fünf schreiende Krokodilbabys sehen alle *gleich* aus. Sie ähneln sich sehr, nur ihre Mutter kann sie unterscheiden.

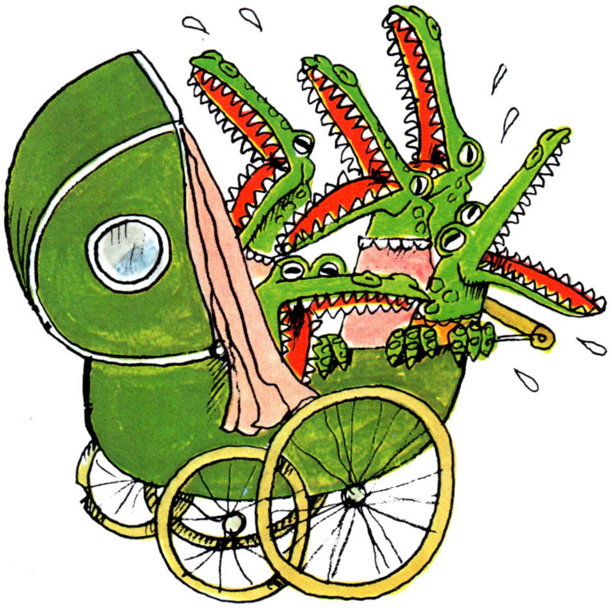

Gorilla Rate mal, wer das ist! Richtig, es ist Bananen-Bobby, der ewig hungrige *Gorilla*.

Größe Wie groß ist Fräulein Zuckertortel? Der Meterstab zeigt dir ihre *Größe*, vom Boden bis zur Ohrspitze.

grün Hier ist ein frisch gestrichener Stuhl, so *grün* wie Blätter im Sommer, so grün wie Egons Hut.

Hh

haben Ulrich *hat* ein Dreirad. Es gehört ihm. Sein Vater hat es ihm geschenkt, weil er es so gerne *haben* wollte.

Hand Albert hält in einer *Hand* einen Apfel. In der anderen hält er einen Bleistift, mit dem er seine Handschrift üben will.

Hahn »Kikeriki!« ruft der *Hahn*. »Ich lege keine Eier. Das überlasse ich den Hennen. Morgens wache ich sehr früh auf. Habt ihr mein Krähen gehört? Kikeriki!«

Haltestelle Der Bus hält an der *Haltestelle*. Jetzt können die Fahrgäste einsteigen.

Hase Ein *Hase* hat lange Ohren und große Vorderzähne. Kannst du in diesem Buch noch andere Hasenbilder finden?

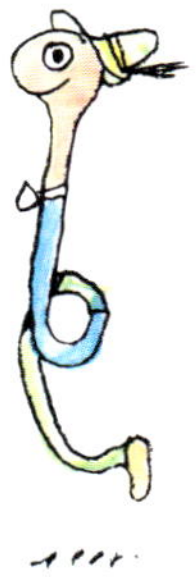

häßlich *Häßlich* ist nicht hübsch. Kennst du die Geschichte vom häßlichen jungen Entlein?

Haufen Planierchen bewegt beim Straßenbau einen großen *Haufen* Sand.

Hauptstadt Bonn ist die *Hauptstadt* der Bundesrepublik Deutschland, London ist die Hauptstadt von England und Washington ist die Hauptstadt der Vereinigten Staaten von Amerika. Die Regierung eines Landes hat ihren Sitz in der Hauptstadt.

Haustier Hast du ein *Haustier?* Hast du zuhause eine Katze, einen Hund oder einen Hamster? Ein Haustier ist ein Tier, für das du sorgst und an dem du Freude hast.

heben Sieben Schüler von Fräulein Zuckertortel *heben* ihre Hand. Alle sieben wissen die richtige Antwort.

heiraten Wenn ein Mann und eine Frau *heiraten,* werden sie ein Ehepaar. Herr und Frau Knolle sind miteinander verheiratet.

heiß Uff, ist das heute *heiß!* Schau nur auf das Thermometer. Heiß ist das Gegenteil von kalt.

helfen Herbert will der Mutter beim Kochen *helfen*. Tomatensoße ist seine Spezialität.

herunter Stichels sind endlich am Ziel. »Aussteigen, Kinder!« Wer holt jetzt die Dreiräder vom Busdach *herunter?* Es sieht so aus, als würde eins schon von allein herunterfallen.

Herz Dein *Herz* schlägt in dir. Es ist ein sehr wichtiger Teil deines Körpers. So sieht ein Herz aus.

Hexe Seht nur, Egon als *Hexe*. Er trägt einen schwarzen Hexenhut und fliegt auf einem Besenstiel durch die Luft.

Himmel Schau nach oben, und du siehst den *Himmel*. Sonne, Mond und Sterne leuchten am Himmel. Vögel und Flugzeuge fliegen am Himmel.

Holz Baumstämme sind aus *Holz*. Es wird beim Bauen von Häusern und zur Herstellung vieler Dinge, wie zum Beispiel von Möbeln, Spielzeug und Papier, verwendet. Hier wird ein Boot aus Holz gebaut.

hören Horch! Kannst du etwas *hören*? Auch wenn es ihr nicht gefällt, muß Mutter Knolle anhören, wie Ulrich seine Trommel schlägt.

Hupe Ulrich drückt auf seine *Hupe*. Tutut! Schon hört jeder, daß er kommt. Drück nicht zu fest, Ulrich, sonst bläst du Egon davon!

Ii

ich *Ich* bin eine Supereule! Ich kann auch nachts gut sehen, ich kann fliegen, ich kann Mäuse fangen und ich kann dieses Seil bestimmt höher in die Luft schleudern als du!

Idee »Heute ist so schönes Wetter«, sagt Frau Knolle, »da könnten wir ein Picknick machen. Wie findet ihr die *Idee?*« »Wir finden die Idee prima«, rufen Ulrich und Ursula im Chor. »Wir sind froh, daß du daran gedacht hast.«

Igel Wenn du einem stachligen kleinen Kerl mit einer Schnauze begegnest, dann rühr ihn nicht an. Es ist ein *Igel* mit spitzen Stacheln.

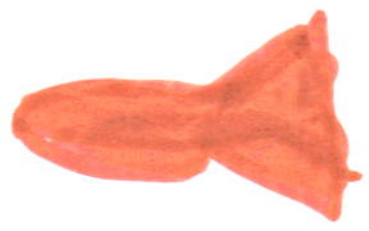

immer Die dicke Hilda ist *immer* hungrig. Sie kann Tag und Nacht ununterbrochen essen. Paß auf, Egon, sonst verspeist sie dich auch noch!

Indianer Bobo Bock verkleidet sich gern als *Indianer*. Für seinen Bogen benützt er Egon als Pfeil.

in Egon hat endlich ein gutes Versteck gefunden. Er ist *in* eine Papiertüte hineingekrochen. Gut, daß du so klein bist, Egon!

Inhalt In einem Glas ist grüne Farbe und in dem anderen rote Farbe. Der *Inhalt* dieser beiden Gläser ist verschiedenfarbig.

Insekt Ulrich malt gerne. Hier malt er gerade ein kleines Tier mit vielen Füßen, ein *Insekt.* Käfer, Fliegen, Mücken, Schmetterlinge und Heuschrecken sind Insekten. Kennst du noch andere?

interessant »Es ist viel *interessanter,* verkehrt herum fernzusehen«, denkt der kleine Patient. »Es gefällt mir.« Ist das Buch auch interessant, Egon?

Insel Onkel Willis Boot ist gekentert. Er konnte sich auf eine *Insel* retten. Dort wartet er nun, von Wasser umgeben, auf Hilfe.

irgendwo Ulrich spielt mit Egon Verstecken. Ulrich sucht im Schrank, unter dem Tisch, eben überall. Wo kann Egon nur stecken? *Irgendwo* muß er doch sein!

Irrtum Dieses seltsame Gefährt hat das Hinterteil eines Taxis, das Vorderteil eines Motorrads und eine rosa Tür. Irgendetwas stimmt da nicht. Herr Grunz, da muß ihnen in ihrer Werkstatt ein *Irrtum* unterlaufen sein.

Jj

Jahr Ein *Jahr* hat zwölf Monate oder zweiundfünfzig Wochen. Es gibt vier Jahreszeiten: Frühling, Sommer, Herbst und Winter. Nächstes Jahr um diese Zeit bist du ein Jahr älter.

Januar Der *Januar* ist der erste Monat des Jahres. Er hat einunddreißig Tage. Ein neues Jahr fängt immer mit dem 1. Januar an.

jeder Ulrich hat's gut. In *jeder* Hand hat er ein leckeres Eis und kann immer abwechselnd lecken.

Juni Der *Juni* ist der sechste Monat des Jahres. Er hat dreißig Tage.

Juli Der *Juli* ist der siebte Monat des Jahres. Er hat einunddreißig Tage.

Jumbo Jet Das große Flugzeug dort oben ist ein *Jumbo Jet*. Er fliegt sehr schnell und kann viele Leute befördern. Möchtest du auch einmal in so einem modernen Flugzeug fliegen?

jonglieren Was für ein Artist ist dieser Bär! Sechs Gläser auf einmal kann er *jonglieren*. Sie sind alle gleichzeitig in der Luft. Ich glaube allerdings nicht, daß alle sechs Gläser auch wieder ganz heil am Boden ankommen!

Kk

Kaffee Zum Frühstück, nach dem Essen oder zwischendurch trinken Erwachsene gerne heißen *Kaffee.* Kaffee wird aus gemahlenen Kaffeebohnen und Wasser gemacht. Ob in dieser Kanne Kaffee ist?

kalt Brr, ist das *kalt!* Das Thermometer zeigt es an: Kein Tag zum Eis essen!

Kampf Zwei Hennen sind in Streit geraten. Sie gehen aufeinander los und führen einen erbitterten *Kampf.*

Karte Eine *Karte* ist aus Papier oder Karton. Es gibt verschiedene Karten, zum Beispiel Ansichtskarten, Theaterkarten, Konzertkarten oder Spielkarten. Hier zeigt Vater Knolle im Zug dem Schaffner die Fahrkarten.

Käse *Käse* ist das Lieblingsessen der Maus. Käse wird aus Milch gemacht. Er ist meistens nicht so weich wie Butter und hat einen kräftigen Geschmack.

Kopf Toll, Egon! Egon trägt sein Buch auf dem *Kopf* nach Hause.

Kopfsalat Hier ist ein *Kopfsalat* aus Onkel Willis Garten. Das gibt einen leckeren grünen Salat.

Korb Der *Korb* ist umgefallen. Alle Äpfel rollen heraus. Körbe werden gebraucht zum Ernten, Einkaufen, für die Wäsche oder fürs Picknick.

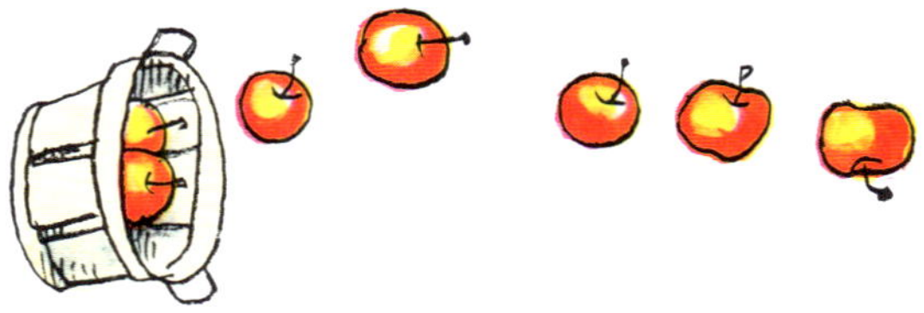

Körper Alle deine verschiedenen Körperteile zusammen bilden deinen *Körper*. Dein Kopf, dein Rücken, deine Arme und Beine – einfach alles.

Kran Ein *Kran* ist eine Maschine zum Heben schwerer Lasten.

Krankenschwester Eine *Krankenschwester* hilft dem Arzt, und beide helfen dir, wenn du krank bist. Hier kümmert sich eine Krankenschwester um eine kleine Patientin.

Kreis Diese kleinen Mädchen hüpfen im *Kreis* herum. Ein Kreis ist rund.

Krone Die schöne *Krone* des Königs besteht aus Gold und Edelsteinen. Sie ziert sein Haupt, kann aber seinen Körper nicht wärmen. Der König friert. Wo sind seine Kleider?

Kuh Die Milch, die wir trinken, kommt von *Kühen*. Jeden Tag werden sie gemolken. Kühe fressen Gras und Heu. Hier sind zwei Kühe in einem Kuhstall.

Küken Mutter Henne hat zwei Kinder. Hier geht sie mit ihren beiden *Küken* zu einer Schlittenfahrt.

kurz Aus langen Bleistiften werden *kurze* Bleistifte, wenn Ulrich sie spitzt.

Kuß Das Küken ist Egons Freundin. »Ich habe dich sehr gern«, sagt Egon und gibt ihm einen *Kuß*.

Ll

lachen Ha, ha, ha! Polizist Eilig muß *lachen*. Bananen-Bobby ist auf einer seiner eigenen Bananenschalen ausgerutscht. Das ist lustig!

Lärm Krach! Was für ein *Lärm*, was für ein lautes Geräusch? Die dicke Hilda hat einen Stapel Büchsen umgestoßen.

Laib Hier ist eine ganze Wagenladung frisch gebackener, goldbrauner Brot*laibe*.

Lastwagen Ein *Lastwagen* ist ein großes Auto, das Güter befördert.

Leck Du meine Güte! Das Boot hat ein *Leck*. Durch ein Loch im Boden spritzt Wasser hoch.

leer Wo sind sie denn alle? Im Schulbus sind weder die Kinder noch der Fahrer. Der Bus ist *leer*.

legen *Legst* du vor dem Schlafengehen deine Kleider auf einen Stuhl bei deinem Bett?

leicht Für Egon, den Wurm, ist ringeln *leicht*. Für einen Fisch ist Schwimmen leicht. Leicht ist das Gegenteil von schwer.

leihen Als Polizist Eilig einmal kein Motorrad hatte, mußte Ulrich ihm sein Dreirad *leihen*. Eilig durfte solange damit fahren, bis er sein Motorrad wiederhatte.

lernen Zwei kleine Schweine *lernen* ein Instrument: das eine Saxophon, das andere Fagott. Jeden Tag lernen sie etwas dazu und können mehr Melodien spielen.

lesen Susi liebt es, Bücher zu *lesen*. Sie schaut die Worte an und versteht, was sie bedeuten.

Leuchtturm *Leuchttürme* stehen an der Küste oder auf Inseln in der Nähe des Hafens. Mit ihrem Leuchtfeuer zeigen sie Schiffen den Weg oder warnen vor gefährlichen Stellen.

lieben Wer mag Fräulein Zuckertortel? Wer hat ihr deswegen ein Herz geschenkt? Mütter und Väter *lieben* ihre Kinder. Alle Kinder wissen das, auch wenn sie von ihren Eltern keine Herzen geschenkt bekommen.

Löwe Ein *Löwe* ist eine große Raubkatze. Doktor Löwitsch ist Oberarzt am Kinderkrankenhaus. Guten Morgen, Herr Doktor!

Mm

Mai Der *Mai* ist der fünfte Monat des Jahres. Er hat einunddreißig Tage.

Markt Auf dem *Markt* kauft man an Ständen frisches Obst und Gemüse, Käse oder Fisch. Der Supermarkt dagegen ist ein großer Selbstbedienungsladen, in dem es alle Lebensmittel gibt.

machen Eigentlich sollte Pum seine Hausaufgaben *machen.* Aber es macht ihm mehr Spaß, Papierflieger zu basteln.

Mahlzeit Frühstück, Mittagessen und Abendessen sind *Mahlzeiten.* Ulrich und seine Eltern bekommen im Flugzeug eine Mahlzeit serviert. »Danke, Ulrich«, sagt Egon. »Erbsen würde ich am liebsten zu jeder Mahlzeit essen!«

März Der *März* ist der dritte Monat des Jahres. Er hat einunddreißig Tage.

Maschine Mit *Maschinen* können viele Arbeiten schneller und leichter getan werden. So helfen im Haushalt Waschmaschine und Spülmaschine, im Büro Schreibmaschine und Rechenmaschine und beim Straßenbau Planierraupe und Bagger.

Maske Doktor Lackel und Doktor Löwitsch tragen im Operationssaal *Masken.* Sie sollen verhindern, daß Bakterien in die Operationswunde geraten. Hast du im Fasching auch schon einmal eine Maske getragen?

Mauer Eine *Mauer* ist eine Wand aus Bausteinen, die von einem Maurer aufeinandergesetzt worden sind. Die Außenmauern eines Hauses tragen das Dach.

Mast Das Segel von Schweinchens Boot ist an einem *Mast* befestigt, einer langen, hölzernen Stange.

Maus Hier ist die *Maus* Mortimer, ein kleiner Wicht mit spitzer Schnauze und langem Schwanz.

Meer Das *Meer* besteht aus Salzwasser. Es bedeckt mehr als die Hälfte unserer Erde.

mein »Halt!« ruft Polizist Eilig. »Das ist *mein* Motorrad. Es gehört mir. Was fällt dir ein, Bananen-Bobby, einfach mein Motorrad zu stehlen!«

Melodie Eine musikalische Maus kann nicht nur eine hübsche *Melodie* spielen, sondern auch dazu tanzen.

messen Dieses Mäuschen will mit einem Meterstab seinen Arm *messen,* um zu erfahren, wie lang er ist.

Messer *Messer* sind zum Schneiden da. Ein Brotmesser schneidet Brot, ein Fleischmesser Fleisch und ein Obstmesser Obst. Messer sind scharf. Sei vorsichtig!

Metall Gold, Silber, Kupfer, Blei und Eisen sind *Metalle.* Da sie aus der Erde gewonnen werden, nennt man sie auch Bodenschätze. Metalle werden zur Herstellung vieler Dinge gebraucht. Der Schmied macht gerade ein Werkzeug. Er hämmert ein Stück Eisen, daß die Funken sprühen.

Million Eine *Million* sind tausend Tausender. Eine Million schreibt man so: 1 000 000. Ein Millionär ist ein sehr reicher Mann.

Minute Eine *Minute* hat sechzig Sekunden. Wenn du langsam von eins bis sechzig zählst, so brauchst du dazu eine Minute.

Mittag Es ist zwölf Uhr. Es ist *Mittag.* Zeit zum Mittagessen für Ulrich und Egon. Der Vormittag ist vorbei.

Molkerei Vom Bauern kommt die Milch in die *Molkerei.* Dort wird ein Teil der Milch abgefüllt zum Verkauf, der Rest zu Butter, Käse, Joghurt, Quark oder Eis verarbeitet.

Monat Ein Jahr hat zwölf *Monate.* Sie heißen Januar, Februar, März, April, Mai, Juni, Juli, August, September, Oktober, November und Dezember.

Morgendämmerung Wenn der Himmel nach einer langen, dunklen Nacht endlich heller wird, dann ist *Morgendämmerung.* Ein neuer Tag beginnt.

müde Es ist erst sechs Uhr früh, Fräulein Zuckertortel. Kein Wunder, daß Sie noch *müde* sind. Sie sind noch schläfrig, weil Sie nicht lange genug geschlafen haben!

Mund Mit weit geöffnetem *Mund* schreit Vater Knolle um Hilfe. Zähne und Zunge sind im Mund. Außer zum Schreien braucht man ihn zum Essen, Sprechen, Singen, Pfeifen und Küssen.

Münze Eine *Münze* ist ein Geldstück aus Metall. Herr Stichel bezahlt seine Rechnungen aus einem großen Geldsack voller Scheine und Münzen.

Nn

nachmachen Kannst du Alberts Handschrift *nachmachen?* Kannst du genauso schreiben wie Albert?

Albert hat einen Apfel in der Hand.
Albert hat einen Apfel in der Hand.

Nachmittag Die Zeit zwischen Mittag und Abend ist der *Nachmittag.*

Nacht Wenn der Tag aufhört, beginnt die *Nacht.* Die Nacht ist die Zeit zwischen Sonnenuntergang und Sonnenaufgang. Nachts ist es dunkel und die meisten Leute schlafen.

nackt Pum hat sein Hemd ausgezogen. Sein Oberkörper ist jetzt *nackt.* Pum hat zarte, rosa Haut.

Nadel Eine *Nadel* ist lang und dünn. Sie hat eine Spitze und ein kleines Auge. Zieht man einen Faden durch das Auge, kann man nähen und sticken. Wie schön du mit Nadel und Faden sticken kannst, Ursula!

Nagel Zimmerleute und Schreiner brauchen einen *Nagel*, um zwei Holzteile miteinander zu verbinden. Zwei Hammerschläge, und der Nagel sitzt fest. Aber hier sind einige Nägel nicht ganz gerade!
Du hast an deinen Händen Fingernägel und an deinen Füßen Zehennägel.

Name Ulrichs *Name* ist Ulrich. So heißt er. Auch deine Eltern haben dir einen Namen gegeben, als du auf die Welt kamst. Wie haben sie dich genannt?

Nase Deine *Nase* befindet sich in der Mitte deines Gesichts. Mit ihr kannst du atmen, riechen und niesen.

neben Detektiv Spitzl sitzt am Steuer seines Autos. *Neben* ihm sitzt Detektiv Talbot. Sie sitzen nebeneinander.

Nilpferd Darf ich bekanntmachen: die dicke Hilda, ein hungriges *Nilpferd*. Ihr Mund ist so groß, daß sie mindestens eine Grapefruit auf einmal essen kann.

November Der *November* ist der elfte Monat des Jahres. Er hat dreißig Tage.

Null *Null* ist nichts. Das Zeichen dafür ist dieses runde 0.

Nuß Hier liegt eine Wal*nuß* auf einer Mauer. Nüsse wachsen jedoch nicht auf Mauern, sondern an Bäumen oder Büschen. Eine *Nuß* hat eine harte Schale, die den schmackhaften Kern enthält.

Oo

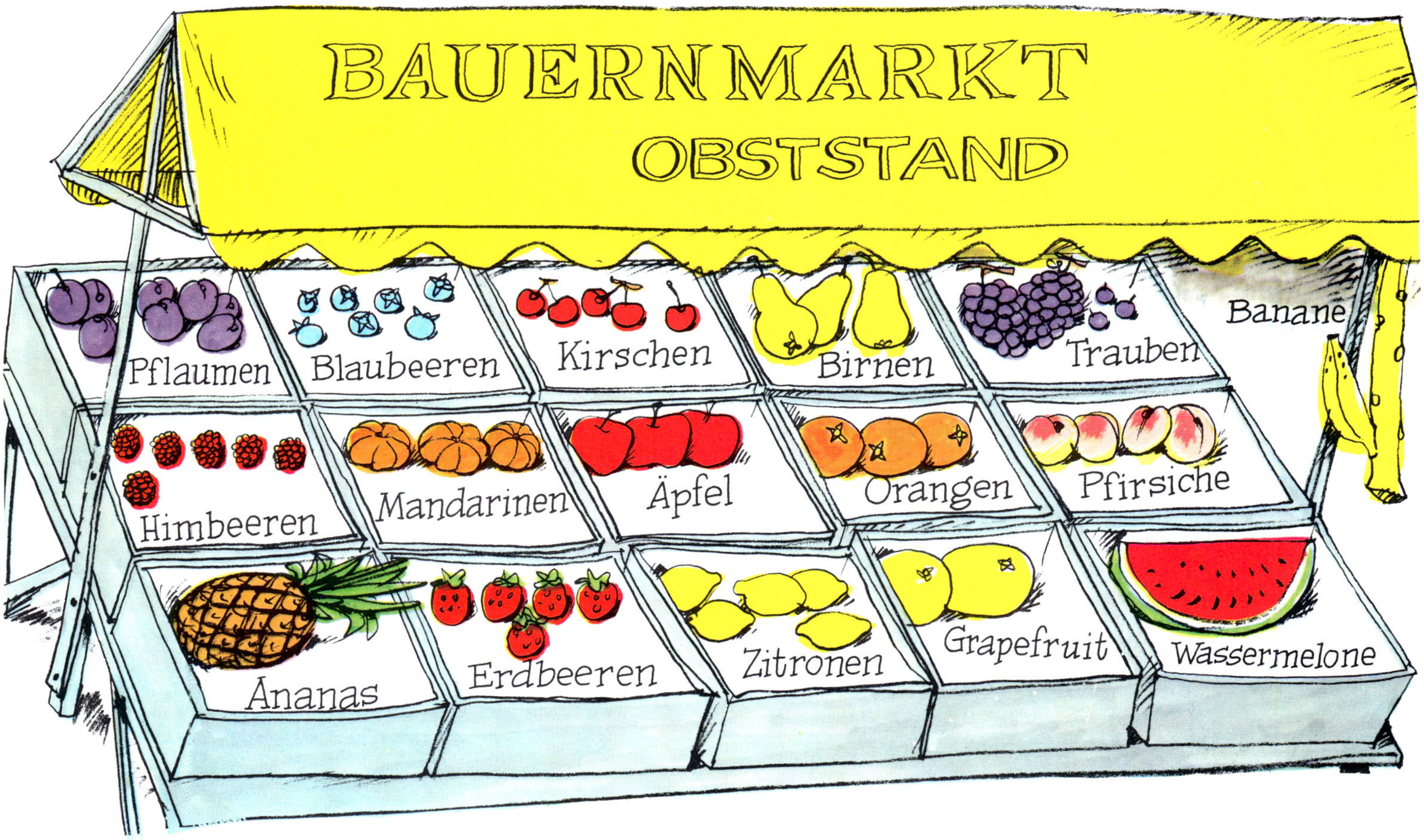

Obst Schau dir das schöne, saftige *Obst* an. Alle Sorten bis auf zwei schmecken süß. Weißt du, welche Früchte sauer sind?

oder Apfel *oder* Birne, was willst du? Du kannst nur eines von beiden haben.

offen Seht nur, Egon schaut durch das *offene* Fenster. Du kannst hereinkommen, Egon. Das Fenster ist nicht zu.

oft *Oft* ist nicht nur einmal oder zweimal, sondern viele Male. Ich möchte wissen, wie oft Polizist Eilig am Tag auf sein Motorrad springt!

ohne Hier ist eine Flasche *ohne* Verschluß. Sie hat keinen Deckel, Egon, und es spritzt etwas heraus!

Ohr Herbert hat zwei lange *Ohren* zum Hören. Du hörst mit zwei kleineren Ohren, links und rechts an deinem Kopf.

Öl *Öl* ist eine fettige Flüssigkeit. Olivenöl, Maisöl und Sonnenblumenöl sind Pflanzenöle, die wir in der Küche benützen. Erdöl, das mit Pumpen aus dem Boden gewonnen wird, verarbeitet man zu Benzin, Heizöl oder Schmieröl.

Onkel Dein *Onkel* ist der Bruder deiner Mutter oder deines Vaters. Hast du einen Onkel?

Orchester Die Schüler von Fräulein Zuckertortel spielen alle verschiedene Instrumente. Wenn sie zusammen musizieren, bilden sie ein richtiges *Orchester.*

ordentlich Ulrich hat sein Zimmer aufgeräumt. Jetzt ist es wieder *ordentlich.* Alles ist an dem Platz, wo es hingehört.

Osterglocke Die *Osterglocke* mit ihrer großen, gelben Blüte ist eine der ersten Frühlingsblumen. Sie wächst aus einer Zwiebel.

Ostern *Ostern* ist ein schönes Fest im Frühjahr. Der Osterhase versteckt seine bunten Eier. Den Kindern macht es Spaß, sie zu suchen.

oval Ein Ei hat eine *ovale* Form. Alles Ovale hat eine Eiform.

Ozean Ein *Ozean* ist ein großes Meer. Wenn du mit dem Schiff von Europa nach Amerika fährst, so überquerst du den Atlantischen Ozean.

Pp

packen Seifi Waschbär hat seinen Koffer gepackt, weil er verreisen will. Er hat seine Kleidung eingepackt. Ach je! Jetzt muß er alles noch einmal *packen*!

Parfüm Was für ein herrlicher Duft. Frau Knolle besprüht sich mit *Parfüm*. Jetzt duftet sie nach Maiglöckchen.

Paket Schau nur, der Botenjunge verliert ein *Paket!* Dieses Paket wird seinen Empfänger nicht erreichen.

Palme Eine *Palme* hat einen langen Stamm. Sie hat keine Äste. Ihre Blätter, die Palmwedel, bilden oben am Stamm eine dichte Krone. Hier ist eine kleine Palme in einem Topf.

Patient Egon ist krank. Als *Patient* von Doktor Löwitsch liegt er im Krankenhaus. Egon ist ein ruhiger Patient. Während zwei andere kleine Patienten schon wieder Unfug machen, liegt er brav in seinem Bettchen.

Propeller Schnell dreht sich der *Propeller* an der Nase von Rudolfs Flugzeug. Durch ihn wird die Maschine vorwärtsbewegt. »Hurra!« ruft Ulrich. »Ich fliege gern«, sagt Egon.

Publikum Ulrich spricht vor einem staunenden *Publikum* über seine Sommerferien. Fünf seiner Freunde lauschen seinen aufregenden Erzählungen.

Pudding *Pudding* ist eine süße Nachspeise. Der Pudding wird aus Puddingpulver, Zucker und Milch gekocht, in eine Form geschüttet, gekühlt und schließlich auf einen Teller gestürzt. Besonders lecker sind Vanillepudding und Schokoladenpudding.

Pult Fräulein Zuckertortel sitzt an ihrem *Pult.* Manchmal hat ein Pult eine schräge Platte. Das von Fräulein Zuckertortel ist jedoch flach wie ein normaler Tisch.

Puppe Eine *Puppe* ist ein beliebtes Spielzeug. Viele Kinder spielen gerne mit Puppen. Sie ziehen sie an und aus, baden sie und legen sie in ein kleines Puppenbett.

Puzzle Ein *Puzzle* besteht aus vielen kleinen Teilen, die – richtig zusammengesetzt – ein Bild ergeben.

Qq

quaken Hört ihr Fröschel fröhlich *quaken?* Das ist seine Art, laut zu singen, wenn er sich über einen schönen Sommertag freut.

quälen Laß deinen Vater doch endlich einmal in Ruhe schlafen, kleines Schwein! Mußt du ihn jetzt schon wieder *quälen* und mit kaltem Wasser bespritzen? Du bist ja ein richtiger Quälgeist!

Qualm Hier brennt ein Holzstück und eine dunkle Rauchwolke steigt auf. Der kleine Käfer hat den *Qualm* gesehen und ist schnell herbeigelaufen. Paß auf, kleiner Käfer, damit du dich nicht am Feuer verbrennst!

Quartett *Quartett* ist ein Kartenspiel, bei dem jeweils vier Karten, ein Quartett, zusammengehören. Wenn man ein Quartett hat, kann man es ablegen.
Wenn vier Musiker zusammen Musik machen, so bilden sie auch ein *Quartett.*

Quelle Jeder Fluß hat eine *Quelle.* Das ist der Ort, an dem der Fluß entspringt. Hier kommt das Wasser aus dem Boden.

quer Diese Straße führt *quer* durch ein Feld von einem Ende zum anderen, damit die Autofahrer nicht erst um das ganze große Feld herumfahren müssen.

quetschen Wenn du eine Tür zumachst, mußt du gut auf deine Finger aufpassen. Du darfst sie nicht zwischen Tür und Türstock *quetschen,* denn das tut sehr weh!

Quitte *Quitten* sind große gelbe Früchte, die Birnenform oder Apfelform haben. Sie sind hart und schmecken roh nicht besonders gut. Man kann aber eine gute Marmelade aus ihnen kochen.

Rr

Rad Das Motorrad von Polizist Eilig hat zwei *Räder.* Ulrichs Dreirad hat drei Räder. Autos und Rollschuhe haben vier Räder.

raten Rate einmal, wo Egon heute ist! Ist er in Ulrichs Tasche? Fliegt er als Hexe durch die Luft? Oder bohrt er sich gerade in einen Apfel? Wir wissen es nicht. Wir können nur *raten.*

rauben *Rauben* ist stehlen. Ein Räuber ist ein Dieb.

Rechnung Schau nur, die vielen Teller! Hat Seifi Waschbär so viel gegessen? Jetzt bekommt er die *Rechnung* vorgelegt. Er muß für das Essen Geld bezahlen.

Regenschirm Anita schützt sich mit ihrem alten *Regenschirm* vor dem Regen. Es mag noch so gießen, sie bleibt immer trocken.

reich Ein *reicher* Mann hat sehr viel Geld. Obst und Gemüse sind *reich* an Vitaminen und deshalb sehr gesund.

reif Der Mais von Bauer Beatus Bock ist *reif.* Er kann geerntet und gegessen werden.

Reifen Halt, Mutter Knolle, das geht nicht! Der große *Reifen* paßt nicht zu den drei kleinen.

retten Der Feuerwehrmann ist die Leiter hochgestiegen, um Mutter Knolle zu *retten*. Sicher bringt er sie nach unten. Wenn alle Personen aus dem brennenden Haus gerettet sind, versucht die Feuerwehr, den Brand zu löschen.

richten Wer anders als Hau Ruck könnte Philipps Wagenrad *richten*? Mit dem Hammer kurz hierin und kurz dorthin geklopft, und schon ist es repariert.

riesig Was für einen *riesigen* Hut du aufhast, Schweinchen. Er ist so groß, daß dein Kopf darunter verschwindet. Versuch es lieber mit einem kleineren.

Rollschuhe *Rollschuh* laufen macht Spaß, besonders dann, wenn man mit Sack und Pack in den sonnigen Süden rollt.

ruhig »Schluß mit dem Schwätzen«, mahnt Fräulein Zuckertortel. »Seid endlich *ruhig!*«

Ss

Saft Wenn du eine Orange preßt, kommt *Saft* heraus. Viele Früchte enthalten Flüssigkeit, aber Orangen und Grapefruits sind besonders saftig.

Säge Herr Mahnig hat gerade mit seiner scharfen *Säge* einen großen Ast abgesägt. Daß er auf das schöne Auto fallen würde, hat er in seinem Eifer nicht bedacht.

sagen Wir alle *sagen* etwas, wenn wir sprechen. Ulrich sagt, daß er gern zur Schule geht. Würdest du das von dir auch sagen können?

Sand Ein kleiner Waschbär spielt im Sandkasten. *Sand* besteht aus unzählig vielen, winzig kleinen Körnchen.

schälen Dieser Matrose benützt ein Messer, um einen Apfel zu *schälen*. Er schneidet die Schale weg. Kannst du eine Orange mit den Fingern schälen?

scheu Sei nicht *scheu,* kleine Maus! Sei nicht so schüchtern! Komm heraus und sag »Guten Tag!«

Schiff *Schiffe* fahren auf dem Meer, auf Seen, Flüssen und Kanälen. Passagierschiffe befördern Menschen, Frachtschiffe befördern Güter.

Schaukel Man hat ein Gefühl, als würde man fliegen, wenn man auf einer *Schaukel* hin- und herschaukelt.

Schleife Wenn du deine Schuhe zubindest, machst du mit den Schnürsenkeln eine *Schleife*.

Schere Ulrich braucht Bilder zum Einkleben in sein Heft. Er schneidet mit seiner scharfen *Schere* ein Haus aus. Er macht es sehr vorsichtig, um das Haus nicht zu zerschneiden.

Schlitten Häschen sitzt auf seinem *Schlitten*. Wie allen Kindern macht es ihm großen Spaß, mit dem Schlitten den Berg hinunterzufahren.

Schmerz Stina hat Halsweh. »Sag Ahh!« sagt Doktor Löwitsch. »Klarer Fall. Es sind die Mandeln. Wenn wir sie herausgenommen haben, ist es vorbei mit dem *Schmerz*.«

Schnabel Was für einen großen *Schnabel* Karlchen Krah hat! Er braucht ihn zum Picken und Fressen.

schneiden Bäcker Pumpernickel hat viel *schneiden* müssen. Mit einem scharfen Messer hat er für seine Freunde von einem knusprigen Brot Scheiben abgeschnitten. Ißt du dein Brot auch mit Messer und Gabel?

Schublade Kommoden und Schreibtische haben *Schubladen*. Man zieht sie heraus und schiebt sie wieder hinein. In Schubladen kann man alle möglichen Dinge ordentlich aufbewahren.

Schule In der *Schule* lernen Ulrich und seine Freunde bei Fräulein Zuckertortel lesen, schreiben und rechnen.

Schwester Hat eine Familie mehrere Kinder, so ist jedes Mädchen die *Schwester* der übrigen Kinder.

Segel Ein kleiner Matrose unterwegs mit seinem Segelboot. Mit einer Hand bedient er das Steuer, mit der anderen winkt er fröhlich. Der Wind bläht die *Segel* und es treibt das Boot voran.

Seife Pim hat ihr Gesicht mit Wasser und *Seife* gewaschen. Es strahlt vor Sauberkeit. Jetzt ist Pum an der Reihe.

Seil Ohne *Seil* könnte diese Krähe nicht Wasserski fahren. Ein Seil ist dicker und stärker als eine Schnur.

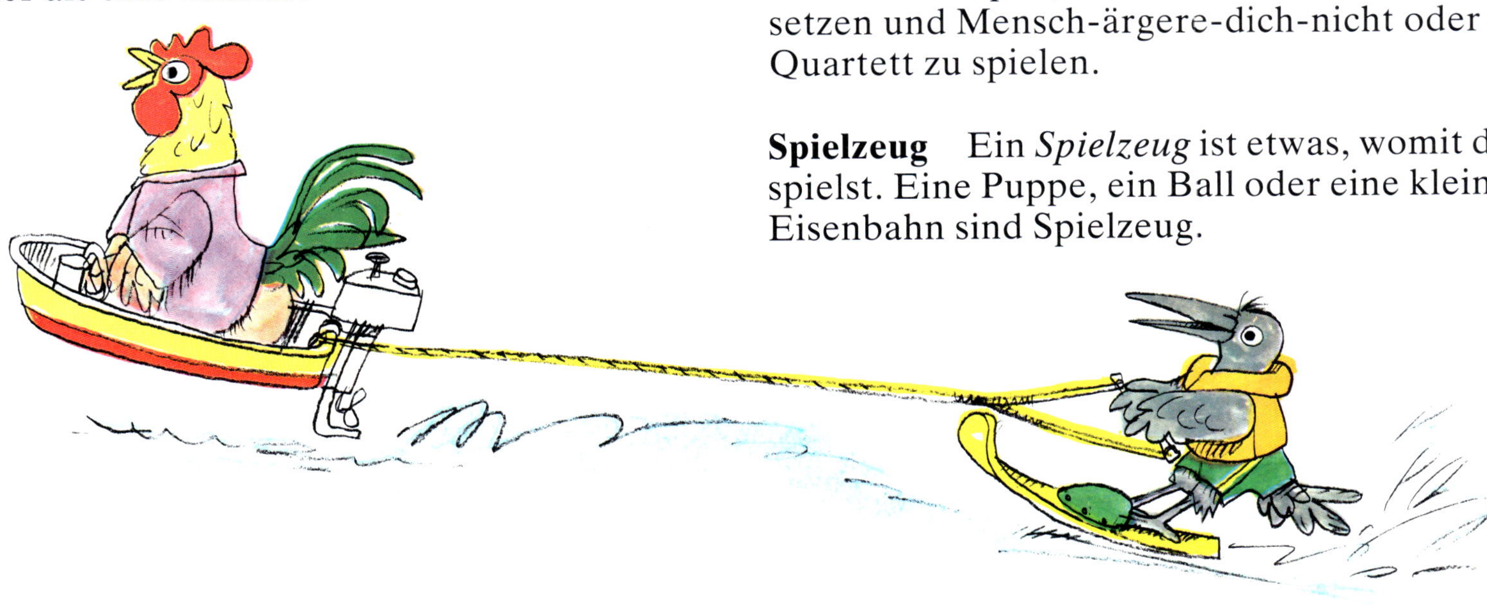

Seite Dieses Lexikon hat auf jeder *Seite* Bilder. Wenn du liest, blätterst du die Seiten um. Ein Buch hat viele Seiten.

September Der *September* ist der neunte Monat des Jahres. Er hat dreißig Tage.

Sohn Pum ist der *Sohn* von Papa und Mama Pinsel. Er ist ihr kleiner, immer fröhlicher und hilfsbereiter Junge.

Sonne Die *Sonne* scheint vom Himmel. Sie bringt uns Licht und Wärme.

Spiel Verstecken, Fangen und Fußball sind *Spiele,* die im Freien gespielt werden. Aber es macht auch Spaß, sich um einen Tisch zu setzen und Mensch-ärgere-dich-nicht oder Quartett zu spielen.

Spielzeug Ein *Spielzeug* ist etwas, womit du spielst. Eine Puppe, ein Ball oder eine kleine Eisenbahn sind Spielzeug.

Tt

Tag Wenn es draußen hell ist, ist *Tag*. Ein ganzer Tag besteht aber aus Tag und Nacht, aus insgesamt vierundzwanzig Stunden. Eine Woche hat sieben Tage. Weißt du, wie die Wochentage heißen?

Tante Deine *Tante* ist die Schwester deines Vaters oder deiner Mutter. Wieviele Tanten hast du?

Tasche In einer *Tasche* kannst du alles mögliche herumtragen: in einer Schultasche deine Schulsachen, in einer Badetasche dein Badezeug, und in einer Einkaufstasche deine Einkäufe. Doktor Lackel besucht bei Wind und Wetter die Patienten mit seiner Arzttasche.

Taxi Herr Bellermann hat sich ein *Taxi* genommen. Er muß den Taxifahrer dafür bezahlen, daß er ihn fährt.

Tee Drei Freunde trinken *Tee*. Jemand hat Teeblätter in eine Teekanne getan und kochendes Wasser darübergegossen.

Teil Ein *Teil* ist ein Stück von etwas. Diese Tür ist ein Teil von einem Taxi. Deine Nase ist ein Teil von deinem Gesicht. Ein Puzzlespiel besteht aus vielen Teilen.

Telefon »Ich bin bestohlen worden!« Aufgeregt ruft Frau Knolle die Polizei an. Gut, daß sie ein *Telefon* hat. So kann sie schnell die Polizei um Hilfe bitten. Auf der Polizeistation wird ein Polizist ausgeschickt, um den Dieb zu fangen.

tief Der Schnee ist so *tief,* daß Seifi Waschbär bis zum Hals darin verschwunden ist. Auch von seinem Auto ist nicht mehr viel zu sehen.

Toast Ein *Toast* ist eine Brotscheibe, die in einem Toaster geröstet wurde. Ein Jammer, Seifi Waschbär, daß dein Toast verbrannt ist. Dein Speck in der Pfanne verbrennt übrigens auch!

tragen Dieser Kellner kann mit einer Hand ein Tablett mit vier Kuchen *tragen.* Mütter tragen ihre kleinen Kinder auf dem Arm. Du trägst deine Bücher zur Schule.

Trampolin Es ist ein großer Spaß, auf einem *Trampolin* herumzuspringen. Ein Trampolin hat einen Rahmen und eine federnde Sprungfläche aus festem Stoff.

Treppe Eine *Treppe* besteht aus einzelnen Stufen. Halte dich am Treppengeländer fest, wenn du eine steile Treppe benützt.

Tür »Darf ich hereinkommen?« fragt die Maus. »Die *Tür* war offen.« Zimmer und Gebäude betritt oder verläßt man durch Türen.

Uu

übereinander Drei Autos *übereinander!* Haben sie wohl aus Platzmangel so ungewöhnlich geparkt?

überqueren In seine Zeitung vertieft, *überquert* Herr Hase die frisch geteerte Straße.

Uhr Die Wanduhr zeigt es an: Es ist genau neun. Eine *Uhr* hat zwei Zeiger, einen großen für die Minuten und einen kleinen für die Stunden. Manchmal zeigt ein dritter Zeiger noch die Sekunden an. Zu jeder Tages- und Nachtzeit sagt dir die Uhr, wie spät es ist.

Unfall Krach! Dort oben hat Herbert gerade ein Regal mit Büchsen umgeworfen. Er hat es nicht absichtlich gemacht. Es war ein kleiner *Unfall.*
Ein Unfall passiert auch, wenn zwei Autos zusammenstoßen.

Unfug Rudi Rüssel hat immer nur *Unfug* im Sinn. Heute hat er Onkel Richards Zeh mit einer Schnur festgebunden. Jetzt will er den Onkel mit eiskalten Tropfen aufwecken.

ungewöhnlich *Ungewöhnlich* bedeutet seltsam, ungewohnt, merkwürdig. Ein Haus ohne Dach, beispielsweise, ist ungewöhnlich.

unglücklich Für den Pechvogel Herbert endet der Tag *unglücklich*. Jetzt stolpert er auch noch in sein Bett! Armer Herbert, heute war für dich kein glücklicher, fröhlicher Tag.

Unkraut *Unkraut* wächst wild, ohne daß es jemand angepflanzt hätte. Manches Unkraut hat schöne Blüten. Trotzdem mögen Gärtner Unkraut nicht. Sie reißen es aus und werfen es weg, damit ihre eigenen Pflanzen genug Platz zum Wachsen haben.

unter Der Kopf von Mama Knolle ist *unter* der Trockenhaube. Er ist ganz darunter verschwunden und nicht mehr zu sehen. Egon will herausfinden, was sich unter den komischen Hauben verbirgt.

Unterseeboot Ein *Unterseeboot* ist ein ganz besonderes Boot. Es kann sowohl auf dem Wasser als auch unter dem Wasser fahren.

Vv

Veilchen Im Frühling kann man auf der Wiese kleine *Veilchen* finden. Sie haben violette Blüten und riechen gut.

verblüffen Frau Knolle war sehr *verblüfft,* daß ihr Ulrich so schnell lesen konnte. Sie war sehr erstaunt darüber.

verboten »PARKEN *VERBOTEN*«, steht auf dem Schild. »Parken *verboten«,* sagt auch Polizist Eilig, »weil man sein Auto auf dieser belebten Straße nicht stehenlassen darf.«

vergessen »Jetzt habe ich leider *vergessen,* was ich hier wollte«, sagt Seifi Waschbär zu sich selbst. »Ich kann mich nicht erinnern. Nächstes Mal muß ich mir einen kleinen Zettel schreiben!«

verkaufen Ein Bäcker kann in seinem Laden Brot *verkaufen.* Er gibt dir das Brot und du gibst ihm das Geld.

Verkehr Zum *Verkehr* gehört alles, was Personen oder Güter befördert. Fahrräder, Autos und Lastwagen gehören zum Straßenverkehr, Flugzeuge und Hubschrauber zum Luftverkehr.

verschütten Oh, Hau Ruck, jetzt hast du die Kanne umgestoßen und die Milch *verschüttet.* Paß auf, daß du nicht auch noch die Milch in der Babyflasche vergießt!

versprechen Herr Mahnig hat *versprochen,* Fräulein Zuckertortels wackeligen Tisch zu reparieren. Er hat gesagt, er würde ihn richten, und das hat er auch getan. Er hat sein Versprechen gehalten.

Verstand Würdest du deine Schuhe mit Marmelade einreiben? Würdest du deine Haare mit Tomatensoße waschen? Natürlich nicht! Du hast doch nicht deinen *Verstand* verloren und kannst dir genau überlegen, was du tust.

Versteck Da hast du dir aber ein gutes *Versteck* ausgesucht, Egon. Willst du ganz unsichtbar sein, mußt du allerdings noch deinen Fuß einziehen.

vier *Vier* Fische liegen am Flußufer. Egon fragt sich, wie sie wohl dahin gekommen sind. Das Zeichen 4 bedeutet vier.

Volk Alle Franzosen zusammen sind das französische *Volk*. Das italienische Volk sind alle Italiener und das deutsche Volk alle Deutschen.

voll Niemand wird bestreiten, daß dieser Bus sehr *voll* ist.

vor Hoppla! *Vor* einer Sekunde war das Ei noch heil. Es war noch nicht zerschlagen.

Vorschrift »Es darf nur während der Pause gegessen werden«, sagt Fräulein Zuckertortel. Das ist eine *Vorschrift*. Jeder muß sie befolgen. Bananen-Bobby hat diese Vorschrift natürlich schon häufig mißachtet.

Ww

wach Brrr, brrr macht der Wecker und reißt Ulrich aus dem Schlaf. Nun ist Ulrich *wach*.

wachsen Kleine Pflänzchen *wachsen* zu großen Pflanzen heran. Kleine Buben und kleine Mädchen wachsen und werden größere Buben und größere Mädchen.

wählen Was würdest du *wählen*? Schokoladeneis, Erdbeereis oder Vanilleeis? Für welche Sorte würdest du dich entscheiden?

wahr *Wahr* ist, was richtig ist und wirklich stimmt. Eine Lüge ist niemals wahr.

warum *Warum* schläft dieses Schweinchen so fest? In der heißen Sonne ist es müde geworden. Jetzt weißt du, warum.

was *Was* geschah mit Bananen-Bobby, nachdem Polizist Eilig ihn festgenommen hatte? Er wurde ins Gefängnis abgeführt. Bananen-Bobby ist wirklich ein hinterlistiger Dieb!

Waschmaschine In der *Waschmaschine* wird unsere Wäsche wieder sauber. Allerdings muß man sie vorher ausziehen!

Wasser Meere, Seen, Flüsse und Bäche sind voller *Wasser.* Regen ist Wasser, das vom Himmel fällt. Wir trinken Wasser, waschen uns mit Wasser und schwimmen im Wasser.

wechseln Wenn du im Regen naß geworden bist, mußt du deine Kleider *wechseln.* Du ziehst die nassen Sachen aus und trockene an.

Weg Ulrich kennt den *Weg* nach Hause. Er weiß, wie er gehen muß, um sich nicht zu verlaufen.

weg Wenn du *weg* bist, kannst du nicht hier sein. Du bist fort.

weich *Weich* ist locker und zart wie Schneeflocken, die vom Himmel schweben. Weich ist das Gegenteil von hart.

Weihnachten *Weihnachten* ist ein fröhliches und friedliches Fest, und schon die Vorbereitungen machen viel Spaß. Wir backen, basteln Geschenke und schmücken den Baum. Vorsicht, Herr Mahnig!

weiß Schnee ist *weiß.* Die Seiten dieses Buches sind weiß. Schürze und Haube dieses kleinen Bäckers sind weiß.

Welt Die *Welt* ist eine runde Kugel. Alle Lebewesen leben auf unserer Welt.

wenige Ein starker Herbstwind hat fast alle Blätter von den Bäumen geweht. Nur *wenige* sind übriggeblieben.

Xx Yy Zz

x-mal »Ach, Herbert! Ich habe dir doch schon *x-mal* gesagt, daß du langsam laufen sollst. Aber ich kann dich immer wieder daran erinnern, du willst einfach nicht auf mich hören!«

Xylophon Plink, plink, plonk erklingt hell das *Xylophon,* wenn Egons Fuß die Klangstäbe schlägt. Wo ist dein Kopf, Egon?

Yacht Hier ist eine Maus auf ihrer *Yacht* unterwegs. Für so ein kleines Tier ist das wirklich ein großes und bequemes Schiff!

Yeti Im Himalaya, dem höchsten Gebirge der Erde, hat man riesige Fußspuren gefunden. Man glaubt, daß sie von dem sagenhaften Schneemenschen *Yeti* stammen.

Zahl Ulrich hält die *Zahl* Acht hoch. Vor der Acht kommt die Zahl Sieben und nach der Acht die Zahl Neun.

zählen »Jetzt sollt ihr *zählen* lernen«, sagt Fräulein Zuckertortel. »Hier sind die Zahlen von null bis zehn.«

Zebrastreifen Auf dem *Zebrastreifen* sind die Fußgänger sicher. Alle Autofahrer müssen halten. Die Hasenmutti überquert mit ihrem Kinderwagen auf einem Zebrastreifen die Straße.

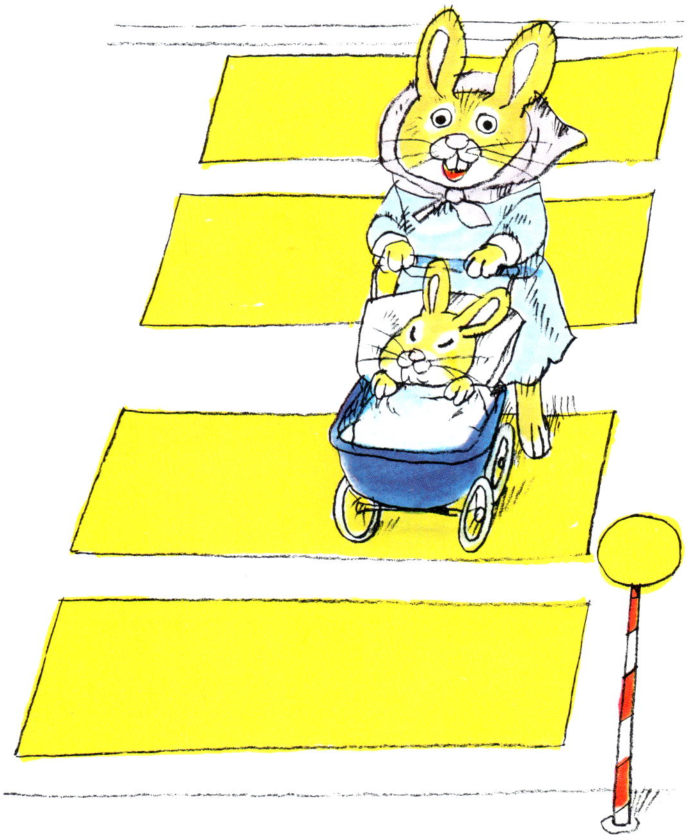

zerquetschen Hilda, steh sofort auf, sonst wirst du das Schweinchen noch *zerquetschen*. Mit deinem Gewicht wirst du den armen Kerl sonst erdrücken.

Ziegel Zum Bau eines Hauses werden *Ziegel* gebraucht. Wenn man aus diesen Ziegeln etwas bauen will, muß man die einzelnen Steine aufeinander setzen.